DIE GEBURT DES INTERNETS

Wie alles begann

Philipp Frühwirth

INHALT

EINLEITUNG: WAS IST DAS INTERNET UND WARUM IST ES SO WICHTIG?

Das Internet ist zweifellos eines der wichtigsten und einflussreichsten Technologien unserer Zeit. Es hat nicht nur unsere Art zu kommunizieren, sondern auch unsere Art zu arbeiten, zu lernen und zu konsumieren grundlegend verändert. Kaum jemand kann heute ohne das Internet leben und arbeiten. Doch was genau ist das Internet und warum ist es so wichtig?

Grundsätzlich bezeichnet das Internet ein weltweites Netzwerk von Computern, die miteinander verbunden sind und in der Lage sind, Informationen auszutauschen. Es ermöglicht es Nutzern auf der ganzen Welt, miteinander zu kommunizieren, Dateien auszutauschen, Wissen zu teilen und Dienstleistungen zu nutzen.

Warum das Internet so wichtig ist, lässt sich auf verschiedene Aspekte zurückführen. Einerseits bietet das Internet unzählige Möglichkeiten zur Kommunikation und Vernetzung. So können wir dank des Internets mit Menschen auf der ganzen Welt in Kontakt treten, uns über gemeinsame Interessen austauschen oder sogar neue Freundschaften schließen.

Andererseits hat das Internet auch die Art und Weise revolutioniert, wie wir uns informieren und lernen. Statt uns auf lokale Bibliotheken oder Bücher zu beschränken, können wir heute auf unzählige Online-Ressourcen und -Kurse zugreifen, die uns ermöglichen, unser Wissen und unsere Fähigkeiten kontinuierlich zu erweitern.

Schließlich hat das Internet auch die Art und Weise grundlegend verändert, wie wir arbeiten und Unternehmen betreiben. Die

Globalisierung und das Aufkommen digitaler Technologien haben es Unternehmen ermöglicht, weltweit zu expandieren und über das Internet nahezu jedes Produkt oder jede Dienstleistung anzubieten.

Doch neben all den Vorteilen, die das Internet bietet, gibt es auch Herausforderungen und Risiken. Die zunehmende Abhängigkeit vom Internet hat zu neuen Sicherheitsbedenken und -risiken geführt, darunter Cyberkriminalität, Hackerangriffe und Datenschutzverletzungen.

Trotzdem ist das Internet zweifellos eine der wichtigsten Technologien unserer Zeit und wird auch in Zukunft eine bedeutende Rolle spielen. Es ist entscheidend, dass wir uns über seine Bedeutung im Klaren sind und uns aktiv mit den Herausforderungen auseinandersetzen, um das volle Potenzial des Internets auszuschöpfen und zugleich unsere Sicherheit und Privatsphäre zu wahren.

DIE ANFÄNGE DES INTERNETS: DIE ERSTEN DARPANET-NETZWERKE

Das Internet hat eine lange Geschichte, die bis in die 1960er-Jahre zurückreicht. In den USA begann das Verteidigungsministerium damit, ein Netzwerk zu schaffen, das militärische Informationen austauschen und in Krisensituationen die Kommunikation gewährleisten sollte.

Das erste Netzwerk wurde als ARPA (Advanced Research Projects Agency) Network oder auch DARPANET (Defense Advanced Research Projects Agency Network) bezeichnet. Es verband vier Universitäten, die Forschungen in Bezug auf Computer und Netzwerke betrieben. Das erste Netzwerk wurde im Jahr 1969 installiert und ermöglichte den Wissenschaftlern den Datenaustausch und die Zusammenarbeit in Echtzeit.

Darpabet war das erste Netzwerk, das die heute bekannte Technologie des Internetprotokolls (IP) verwendete. Das ermöglichte, dass verschiedene Rechner miteinander verbunden werden und Daten ausgetauscht werden konnten. Dieser Fortschritt sollte später deshalb so wichtig werden, weil diese Netzwerkarchitektur das Fundament des Internets bildete.

Damals war das Internet aber noch sehr langsam und unsicher im Vergleich zum heutigen Standard. Die Übertragungsraten waren niedrig und die Verbindung war oft instabil. Dennoch war das Internet ein revolutionärer Schritt in der Geschichte der Informationstechnologie.

Die Ausweitung des Netzwerks in den 1970er- und 1980er-Jahren brachte neue Fortschritte und Technologien hervor. Bald wurden kabellose Netzwerke und Protokolle wie Ethernet eingeführt, um die Verbindung zu verbessern. Der Zugang zum Internet war zunächst über Anschlüsse der Universitäten und des Militärs möglich.

Mit der technologischen Weiterentwicklung des Internets und der zunehmenden Nutzung durch die Öffentlichkeit, kam es auch zu Veränderungen im Betrieb und der Organisation des Netzes. 1983 wurden die ersten Top-Level-Domains (TLDs) wie `.com,' '.edu' und `.org' eingeführt, was eine wichtige Entwicklung in der Geschichte des Internets darstellte. Es wurde möglich, dass Unternehmen ihre eigenen Webseiten und Online-Präsenzen aufbauen konnten und der Markteintritt für andere Unternehmen wurde erleichtert.

Insgesamt war die Entstehung des Internet ein langer Prozess, der viele technologische Durchbrüche hervorgebracht hat. Die Anfänge des Internet liegen in einer Zeit, als es noch keine PCs gab und der Datenaustausch begrenzt war. Mit der Zeit wurde das Internet leistungsfähiger und hat die Art und Weise der gesamten Weltkommunikation verändert.

Heute ist das Internet ein grundlegender Bestandteil des täglichen Lebens und hat eine Vielzahl von Anwendungen. E-Mail, Online-Shopping, Social Media und billige Telefongespräche werden durch das Internet ermöglicht. Es hat auch Forschung und Entwicklung enorm vorangetrieben und viele neue Branchen und Dienstleistungen geschaffen.

DIE ENTSTEHUNG DES WORLD WIDE WEB: TIM BERNERS-LEE UND SEIN EINFLUSS AUF DAS INTERNET

Das Internet, wie wir es heute kennen, wäre ohne das World Wide Web (WWW) nicht dasselbe. Tim Berners-Lee, ein britischer Informatiker, wird oft als Vater des WWW bezeichnet und hatte einen enormen Einfluss auf die Entwicklung des Internet.

Berners-Lee schrieb 1989 seinen Vorschlag für das WWW, während er am Europäischen Kernforschungszentrum (CERN) arbeitete. Der Vorschlag wurde von seinen Vorgesetzten abgesegnet und erhielt den Namen "Information Management: A Proposal". Das Grundprinzip war es, das Teilen und Vernetzen von Informationen über das Internet zu erleichtern, indem konsistente Standards für den Austausch von Dokumenten festgelegt wurden.

Um dieses Ziel zu erreichen, schuf Berners-Lee drei Schlüsseltechnologien:

1. Uniform Resource Identifier (URI) oder URL - Eine eindeutige Identifizierungsmethode für jede Ressource (z.B. ein Dokument oder ein Bild), die im WWW gefunden werden kann.

2. Hypertext Markup Language (HTML) - Eine Programmiersprache, die zur Erstellung von Dokumenten im Web verwendet wird und es ermöglicht, Links zwischen verschiedenen Seiten zu erstellen.

3. Hypertext Transfer Protocol (HTTP) - Ein Protokoll zum Übertragen von Ressourcen und Dateien zwischen verschiedenen

Systemen im Internet.

Diese Technologien ermöglichten es dem WWW, ein Netzwerk von verknüpften Dokumenten und Dateien zu werden, das über das Internet zugänglich war. Dies ermöglichte es Menschen auf der ganzen Welt, Informationen zu teilen, zu kommunizieren und zu interagieren.

Das World Wide Web wurde schnell populär, und im Jahr 1991 veröffentlichte Berners-Lee die erste Webbrowser-Software, die es Benutzern ermöglichte, das Web zu durchsuchen und darauf zuzugreifen. Dies traf einen Nerv, und die Popularität des Internets wuchs schnell. Im Jahr 1993 wurde das WWW schließlich öffentlich zugänglich gemacht und begann, das Leben der Menschen auf der ganzen Welt zu verändern.

Das WWW revolutionierte, wie wir das Internet nutzen - es machte es einfacher, Dokumente und Ressourcen zu finden und grundlegende Navigation durch das Web zu ermöglichen. Es gab Menschen die Freiheit, Wissen und Informationen zu teilen und zu erhalten, unabhängig von geografischen oder finanziellen Barrieren, und es ermöglichte eine neue Art der Kommunikation und Kollaboration.

Das WWW hat sich seit seiner Entstehung weiterentwickelt, und heute haben wir eine Vielzahl von Web-Anwendungen und Technologien, die es uns ermöglichen, noch mehr zu tun, als es Berners-Lee sich damals vorgestellt hatte. Aber es war sein Pioniergeist und seine Vision, die das Internet veränderten und uns einen Blick in die Zukunft warfen, die wir heute erleben.

DIE ERSTEN SUCHMASCHINEN: ARCHIE, VERONICA, YAHOO UND GOOGLE

Eine der nützlichsten Werkzeuge, um das Internet zu navigieren, ist die Suchmaschine. Sie ermöglicht den Nutzern, gezielt nach bestimmten Informationen oder Inhalten zu suchen. Die ersten Suchmaschinen waren weit entfernt von dem, was wir heute kennen.

Die allererste Suchmaschine namens Archie (archive without the V) wurde 1990 von einem Studenten der McGill University in Montreal namens Alan Emtage entwickelt. Die Idee war es, eine Datenbank zu erstellen, die alle Dateinamen und Verzeichnisse auf öffentlich zugänglichen FTP-Servern verzeichnete. Die Abfrage der Datenbank konnte nur über die Kommandozeile erfolgen, was Archie für den durchschnittlichen Nutzer nicht sehr zugänglich machte.

Eine weitere Suchmaschine namens Veronica (geregnet von dem Comicbuch-Charakter Veronica Lodge) wurde 1992 von einem Studenten der Carnegie Mellon University namens Steven Foster entwickelt. Veronica durchsuchte Gopher-Sites, die im Vergleich zu FTP-Sites eine höhere Strukturierung aufwiesen, aber auch weniger populär waren.

1994 wurde Yahoo gegründet. Die Gründer Jerry Yang und David Filo begannen mit einer Sammlung von Links zu Webseiten, die sie in ihrem College-Katalog gefunden hatten. Yahoo entwickelte sich schnell zu einem der beliebtesten Suchmaschinen seiner Zeit und bot den Nutzern eine einfachere Benutzeroberfläche als Archie und Veronica. Yahoo war auch eines der ersten Unternehmen, das Werbung als Geschäftsmodell für Suchmaschinen einführte.

Im gleichen Jahr wie die Gründung von Yahoo wurde die Domain google.com registriert. Google wurde 1998 von Larry Page und Sergey Brin gegründet, als sie an der Stanford University studierten. Google bot den Nutzern eine genaue und relevantere Suche und etablierte bald ein "Ranking"-System, das die Suchergebnisse auf der Grundlage der Relevanz und Popularität der Websites abbildet. Google entwickelte sich schnell zu einer der am weitesten verbreiteten Suchmaschinen und bleibt bis heute die dominierende Suchmaschine im Internet.

Insgesamt haben die Entwicklungen der Suchmaschinen die Art und Weise verändert, wie die Nutzer das Internet nutzen. Statt den Benutzern alle möglichen Inhalte auszuliefern, konnten Suchmaschinen wie Yahoo und Google relevante Informationen viel schneller finden. Heutzutage werden Milliarden von Suchanfragen pro Tag gestellt, und Suchmaschinen bleiben eine wichtige Ressource für die Navigation im Internet.

DIE ERSTEN SOZIALEN NETZWERKE: VON SIXDEGREES ÜBER FRIENDSTER BIS MYSPACE

Soziale Netzwerke haben in den letzten Jahren einen Boom erlebt und sind aus unserem Alltag nicht mehr wegzudenken. Die Möglichkeit, sich mit Freunden und Bekannten virtuell zu vernetzen und zu interagieren, hat das Internet nachhaltig verändert. Doch wie begann die Entwicklung der sozialen Netzwerke?

Die erste Online-Community SixDegrees.com wurde im Jahr 1997 gegründet. Sie ermöglichte es, Freunde online zu finden und sich mit ihnen zu verbinden. Nutzer konnten Freundschaftsanfragen senden, Messaging betreiben und sogar virtuelle Tagebücher erstellen. Allerdings hatte SixDegrees.com keinen Durchbruch, da noch nicht genügend Menschen online waren.

Mit dem Aufkommen des Breitband-Internets in den frühen 2000er Jahren entstanden viele weitere soziale Netzwerke. Friendster war eines der ersten und größten sozialen Netzwerke im Jahr 2002. Es wurde schnell beliebt und hatte allein im ersten Jahr mehrere Millionen registrierte Benutzer.

Als nächstes kam Myspace, das im Jahr 2003 gegründet wurde und schnell zum führenden sozialen Netzwerk aufstieg, insbesondere im Musikbereich. Es bot die Möglichkeit, Profile zu erstellen, Musik hochzuladen und mit anderen Nutzern in Kontakt zu treten.

Doch der bis heute größte Aufstieg der sozialen Netzwerke erfolgte mit der Gründung von Facebook im Jahr 2004. Es wurde von Mark Zuckerberg und seinen Mitbewohnern an der

Harvard University gegründet. Ursprünglich nur für Studenten der Universität gedacht, erweiterte es schnell seinen Nutzerkreis und entwickelte sich zum führenden sozialen Netzwerk.

Auch andere soziale Netzwerke haben in den letzten Jahren an Bedeutung gewonnen, darunter Twitter, Instagram und LinkedIn.

Soziale Netzwerke haben das Internet revolutioniert und sind aus unserem täglichen Leben nicht mehr wegzudenken. Inzwischen gibt es soziale Netzwerke zu nahezu jedem Interessengebiet und in jedem Land der Welt. Die Möglichkeit, den Kontakt zu Freunden zu pflegen, neue Bekanntschaften zu schließen und die neuesten Informationen auszutauschen, hat das Internet verändert.

DIE BEDEUTUNG VON E-MAIL: WIE ES DAS INTERNET VERÄNDERT HAT

E-Mail ist heute eine Alltagsanwendung für Millionen von Menschen auf der ganzen Welt. Was viele jedoch nicht wissen, ist, dass E-Mail eine der ältesten Anwendungen im Internet ist und wesentlich zur schnellen und kosteneffektiven Kommunikation von Einzelpersonen und Unternehmen auf der ganzen Welt beigetragen hat.

Die erste E-Mail wurde bereits 1971 von Ray Tomlinson gesendet, der als Erfinder der modernen E-Mail gilt. Das erste E-Mail-System verband mehrere Benutzer innerhalb eines Netzwerks von Computern, von denen jedes für die Speicherung von Nachrichten verantwortlich war. Die E-Mails wurden jedoch nicht direkt von Benutzer zu Benutzer gesendet, wie es heute der Fall ist, sondern von einem Computer zum anderen, bis sie den Empfänger erreichten.

Im Laufe der Jahre haben sich E-Mail-Systeme stark weiterentwickelt, insbesondere in Bezug auf Sicherheit, Bedienungsfreundlichkeit und Integration mit anderen Internetanwendungen. Die Einführung von Web-basierten E-Mail-Diensten wie Hotmail (später von Microsoft übernommen) und Gmail (Google) vereinfachte die Verwendung von E-Mail für Einzelpersonen und Unternehmen erheblich, indem sie es ermöglichten, E-Mails über einen Webbrowser und unabhängig von einem bestimmten Computer zu empfangen und zu senden.

Die Bedeutung von E-Mail für die Geschäftskommunikation ist nicht zu unterschätzen. E-Mail hat die Kommunikation zwischen Geschäftspartnern, Mitarbeitern und Kunden stark vereinfacht. Es ist heute fast undenkbar, dass ein Unternehmen ohne E-Mail arbeitet. E-Mail hat auch den Vorteil, dass es Geschäftsinformationen schnell und kostengünstig über große Entfernungen hinweg übermitteln kann.

Die Verbreitung von E-Mail wurde jedoch auch von Missbrauch und Betrug begleitet, wie zum Beispiel Spam und Phishing. Unternehmen mussten Maßnahmen ergreifen, um ihre E-Mail-Systeme zu schützen und die Sicherheit ihrer Kommunikation zu gewährleisten. Einige der Schritte, die Unternehmen unternommen haben, umfassen die Verwendung von Antivirus-Software, Firewalls und Verschlüsselungssoftware.

Insgesamt hat E-Mail dazu beigetragen, dass die Welt kleiner geworden ist, indem es die Kommunikation erleichtert hat und den globalen Handel ermöglicht hat. Es hat auch dazu beigetragen, dass Unternehmen schneller und effektiver arbeiten können. E-Mail ist ein wichtiger Bestandteil unseres täglichen Lebens und wird es auch weiterhin bleiben, während das Internet weitere Fortschritte macht.

DIE ENTSTEHUNG DES BROWSERS: VON MOSAIC ÜBER NETSCAPE BIS ZUM INTERNET EXPLORER

Ein Browser ist das zentrale Werkzeug, um das World Wide Web zu besuchen. Ohne einen Browser wäre das Internet nicht so, wie wir es heute kennen. Doch wie kam es zur Erfindung des Browsers und wer waren die Erfinder hinter dieser Technologie?

Die Wurzeln des Browsers gehen auf das Jahr 1990 zurück, als der britische Physiker Tim Berners-Lee das Konzept des World Wide Web erstellte. Sein Ziel war es, ein System zu schaffen, das es jedem ermöglichen würde, Informationen weltweit zu teilen und darauf zuzugreifen. Ursprünglich war das World Wide Web ein statisches System, bei dem die Benutzer Dateien von Servern herunterladen und sie auf ihrem Computer anzeigen konnten. Doch Berners-Lee erkannte schnell, dass ein interaktiver Ansatz viel nützlicher wäre.

Im Jahr 1993 entwickelte Marc Andreessen, ein Student der University of Illinois, einen neuen Browser namens Mosaic, der auf dem Internet-Protokoll HTTP (Hypertext Transfer Protocol) aufbaute. Der Browser ermöglichte es Benutzern, auf einfache Weise Text und Bilder zu teilen, indem er eine visuelle Oberfläche mit Schaltflächen und Symbolen bereitstellte, die es Benutzern ermöglichten, Webseiten ohne technisches Wissen leicht zu navigieren.

Mosaic war ein Durchbruch und fand schnell breite Verbreitung im akademischen Bereich und in Unternehmen. In der Folgezeit begannen immer mehr Menschen, das Internet als einen Ort zu nutzen, an dem sie neue Dinge erkunden, sich unterhalten und miteinander kommunizieren konnten. Andreessen gründete 1994 das Unternehmen Netscape Communications und veröffentlichte den Netscape Navigator, der Mosaic in vielen Bereichen übertraf und zu einem der populärsten Browser seiner Zeit wurde.

In den Jahren danach folgte eine Reihe von Neuerungen auf dem Browser-Markt. Microsoft brachte im Jahr 1995 den Internet Explorer auf den Markt, der sich schnell einen erheblichen Marktanteil sicherte und Netscape verdrängte. Auch andere Browser wie Opera und Safari traten auf den Plan und erweiterten die Möglichkeiten des Online-Browsings.

Eine der größten Veränderungen in der Geschichte des Browsers kam jedoch in den späten 2000er Jahren mit dem Aufstieg von Google Chrome. Chrome war schneller und stabiler als viele andere Browser und verfügte über eine Reihe von Funktionen, die Benutzern halfen, schneller und einfacher im Web zu navigieren.

Zusammenfassend kann gesagt werden, dass der Browser eine der wichtigsten Erfindungen in der Geschichte des Internets ist. Seine Entwicklung hat dazu beigetragen, die Art und Weise zu verändern, wie Menschen Informationen suchen, kommunizieren und arbeiten. Heute ist der Browser das zentrale Werkzeug, das Millionen von Menschen jeden Tag nutzen, um auf das Internet zuzugreifen.

DIE ENTSTEHUNG VON ONLINE-SHOPPING UND E-COMMERCE: VON AMAZON BIS ZALANDO

Das Internet hat die Art und Weise, wie wir heute einkaufen, grundlegend verändert. In der Vergangenheit war es notwendig, physisch in ein Geschäft zu gehen, um Produkte zu kaufen. Mit der Entstehung des World Wide Web und der Entwicklung von E-Commerce-Plattformen wie Amazon, Zalando oder Alibaba kann man heute fast alles online kaufen.

E-Commerce begann in den 1990er Jahren, als einige Unternehmen begannen, ihre Produkte online zu verkaufen. Das Jahr 1995 war ein entscheidender Wendepunkt, als Amazon.com gegründet wurde. Anfangs ein reiner Online-Buchladen, hat Amazon den E-Commerce-Markt revolutioniert, indem es seinen Kunden eine unvergleichliche Auswahl an Produkten und einen hervorragenden Kundenservice bot. Amazon war auch Pionier in der Entwicklung von personalisierten Empfehlungssystemen, die bei der Produktauswahl helfen.

Zalando, ein deutscher Online-Shop für Schuhe und Mode, wurde im Jahr 2008 gegründet und hat sich zu einer der führenden Online-Shopping-Plattformen in Europa entwickelt. Eines der einzigartigen Merkmale von Zalando ist der kostenlose Versand und Rückversand, was Kunden eine sorgenfreie Einkaufserfahrung bietet.

Ein weiteres Beispiel für E-Commerce ist das chinesische Unternehmen Alibaba, das 1999 gegründet wurde und mittlerweile eine der größten Online-Shopping-Plattformen der Welt ist. Alibaba bietet seinen Nutzern Zugang zu einer Vielzahl von Produkten, von Elektronik bis zu Lebensmitteln. Der jährliche Mega-Verkaufstag "Singles' Day" von Alibaba im November bringt jedes Jahr Milliarden von Dollar ein.

Online-Shopping hat jedoch nicht nur Vorteile. Es hat auch zur Schließung von stationären Einzelhandelsgeschäften beigetragen, insbesondere solchen, die auf physische Standorte angewiesen waren, um ihre Produkte zu verkaufen. Darüber hinaus besteht die Gefahr von Cyberkriminalität und Betrug, die jedoch durch fortlaufende Technologieverbesserungen und verbesserte Zahlungsabwicklungssysteme verringert werden.

Insgesamt hat E-Commerce das Potenzial, den Einzelhandel grundlegend zu verändern und zu verbessern, indem es Verbrauchern eine breitere Auswahl an Produkten und eine bequemere und schnelle Möglichkeit zum Einkaufen bietet.

DIE BEDEUTUNG VON BLOGS UND PODCASTS: WIE SIE DAS INTERNET REVOLUTIONIERT HABEN

Das Internet hat die Art und Weise verändert, wie wir Informationen konsumieren, teilen und verbreiten. Einer der größten Gründe dafür ist die Entstehung von Blogs und Podcasts. Die beiden Plattformen haben das Internet revolutioniert und es Menschen auf der ganzen Welt ermöglicht, ihre Gedanken und Ideen auf einfache und unterhaltsame Weise zu teilen.

Blogs entstanden in den späten 90er Jahren und sind heute eine der häufigsten Formen von Online-Inhalten. Sie sind im Grunde genommen persönliche Websites, auf denen Einzelpersonen oder Gruppen von Autoren ihre Gedanken, Ideen und Erfahrungen teilen können. Blogs sind in der Regel einfach zu erstellen und zu aktualisieren, was sie zu einem beliebten Medium für eine Vielzahl von Inhalten macht, von Reiseberichten, politischen Kommentaren bis hin zu Mode- und Lifestyle-Tipps.

Blogs haben nicht nur der breiteren Öffentlichkeit eine Stimme gegeben, sondern auch die Art und Weise verändert, wie wir Informationen aufnehmen. Traditionell waren wir darauf angewiesen, dass traditionelle Medien wie Zeitungen und Zeitschriften uns informieren. Blogs haben jedoch die Möglichkeit geschaffen, dass jeder Inhalte erstellen und teilen kann, die die Art und Weise, wie wir die Welt sehen, verändern können.

Ein weiterer großer Meilenstein in der Internet-Geschichte war die Entstehung von Podcasts. Im Gegensatz zu Blogs, die hauptsächlich Texte verwenden, nutzen Podcasts Audio und

Video, um ihre Botschaften zu vermitteln. Die Popularität von Podcasts ist in den letzten Jahren explodiert und sie sind jetzt eine der am häufigsten genutzten Plattformen für Audio- und Video-Inhalte.

Podcasts haben die Art und Weise verändert, wie wir Inhalte hören und lernen. Im Gegensatz zu traditionellen Radiosendungen sind Podcasts auf Abruf verfügbar und können gehört werden, wenn es dem Hörer am besten passt. Darüber hinaus haben Podcasts es Experten auf einem bestimmten Gebiet ermöglicht, ihr Wissen zu teilen und ihre Reichweite zu erweitern.

Blogs und Podcasts haben das Internet für uns zu einem interessanteren Ort gemacht. Sie haben uns ermöglicht, Inhalte zu entdecken, die wir sonst nicht finden würden, und sie haben die Tür für diejenigen geöffnet, die eine Stimme haben und ihre Meinungen und Ideen teilen möchten. Daher ist es keine Überraschung, dass Blogs und Podcasts heute zu den wichtigsten und einflussreichsten Plattformen im Internet zählen.

DIE ENTSTEHUNG VON ONLINE-MARKETING: VON BANNERWERBUNG BIS ZU SUCHMASCHINENOPTIMIERUN G

Das Internet hat nicht nur den Handel und die Kommunikation revolutioniert; es hat auch eine neue Art des Marketings hervorgebracht. Wo Unternehmen früher auf Plakate, Anzeigen in der Zeitung oder Radio- und Fernsehwerbung angewiesen waren, können sie heute dank Online-Marketing ihre Zielgruppe direkt ansprechen und gezielt bewerben. Doch wie haben sich die verschiedenen Formen des Online-Marketings entwickelt?

In den Anfangszeiten des Internets waren Bannerwerbung und Pop-ups die gängigen Werbemittel. Die ersten Bannerwerbungen erschienen bereits 1994 auf der Website hotwired.com. Im Laufe der Zeit entwickelten sich Bannerwerbeanzeigen zu einem der wichtigsten Online-Werbemedien. Auch Pop-ups waren eine beliebte Methode, um die Aufmerksamkeit des Nutzers zu gewinnen. Allerdings wurden Pop-ups schnell als lästig empfunden und durch Pop-under, die im Hintergrund geöffnet wurden, ersetzt.

In den späten 1990er Jahren tauchten dann die ersten Suchmaschinen auf, die die Grundlage für die Suchmaschinenoptimierung (SEO) bildeten. Unternehmen konnten mit gezielten Keywords ihre Platzierung in den Suchmaschinenergebnissen verbessern und so mehr Besucher auf ihre Website lenken. Noch heute ist SEO ein wichtiger Bestandteil des Online-Marketings.

Parallel dazu entstanden auch die ersten Affiliate-Netzwerke, die es Unternehmen erlaubten, ihre Produkte auf Partner-Websites zu platzieren und bei erfolgreichem Verkauf eine Provision zu erhalten. Diese Form des Online-Marketings ist auch heute noch weit verbreitet.

Mit der Herausbildung der sozialen Medien kam eine neue Art des Online-Marketings hinzu. Vor allem Facebook ist bekannt dafür, dass Unternehmen hier gezielt Werbung auf Basis der Daten der Nutzer schalten können. Aber auch Influencer-Marketing wird immer mehr zum wichtigen Teil des Online-Marketings. Hierbei bewerben Personen mit großer Reichweite Produkte oder Dienstleistungen ihrer Partner-Unternehmen auf ihren Social-Media-Kanälen.

Neben den klassischen Werbeformaten wie Banner und Pop-ups hat das Online-Marketing auch neue Mittel hervorgebracht. Native Advertising, also Werbung, die dem redaktionellen Teil ähnelt, wird immer beliebter. Auch Video-Werbung, die vor oder während eines Videos eingeblendet wird, wird immer gebräuchlicher.

Zusammengefasst lässt sich sagen, dass das Online-Marketing seinen Anfang in der klassischen Banner- und Pop-up-Werbung fand, aber mittlerweile auch neue Wege der Anpreisung beschritten hat. Entscheidend für den Erfolg ist es, die unterschiedlichen Werbeformate passend zur Zielgruppe auszuwählen.

DIE ROLLE VON OPEN-SOURCE-SOFTWARE: WIE LINUX UND APACHE DIE ENTWICKLUNG DES INTERNETS BEEINFLUSSTEN

Open-Source-Software konnte in den ersten Jahren aufgrund von proprietärer Software nicht als vollwertige Alternative angesehen werden. Es gab jedoch einige Projekte, die sich der Idee verschrieben haben, den Quellcode zu teilen und zu verbessern. Eines dieser Projekte war Linux, das 1991 von Linus Torvalds ins Leben gerufen wurde.

Linux ist ein Open-Source-Betriebssystem, das auf den Prinzipien des freien Austauschs von Wissen, Information und Technologie aufgebaut ist. Ursprünglich wurde es von Torvalds für den persönlichen Gebrauch programmiert, aber es entwickelte sich schnell zu einem Betriebssystem, das auf vielen verschiedenen Plattformen eingesetzt werden konnte. Linux wurde in der Folgezeit von vielen Entwicklern aus aller Welt verbessert und erweitert.

Ein weiteres wichtiges Open-Source-Projekt war der Apache Webserver, der von der Apache Software Foundation entwickelt wurde. Apache wurde von vielen Webservern als bevorzugte Lösung gewählt und wurde schnell zu einem Standard für Webserver auf Linux- und Unix-Systemen, was zu einem erheblichen Anstieg der Verwendung von Linux und Unix beitrug. Aufgrund seiner herausragenden Eigenschaften wie Skalierbarkeit, Effizienz und Sicherheit wurde es auch in vielen Unternehmen eingesetzt.

Linux und Apache haben somit gezeigt, dass Open Source

durchaus eine Alternative zu proprietären Lösungen sein kann. Die Verwendung von Open-Source-Software hat viele Vorteile, wie beispielsweise niedrigere Kosten und den freien Zugang zu Angeboten von Entwicklern aus der ganzen Welt. Es lässt sich somit sagen, dass Open-Source-Software in gewisser Weise der Schlüssel für die Verfügbarkeit und den Erfolg des Internets ist.

In der Tat gibt es viele wichtige Open-Source-Projekte, die für die Entwicklung des Internets von entscheidender Bedeutung waren. Dazu gehören unter anderem Mozilla Firefox, das Open-Source-Browserprojekt, die Entwicklung von JavaScript, die Programmiersprache für Webentwickler, und MySQL, eine beliebte Open-Source-Datenbank für Webanwendungen.

Zusammenfassend lässt sich sagen, dass viele der fortschrittlichen Technologien des Internets nur durch Open-Source-Software möglich wurden. Ohne Open-Source-Software hätten Unternehmen und Einzelpersonen nicht die Möglichkeiten gehabt, die aktuellen Entwicklungen zu nutzen, die das Internet ermöglicht hat.

DIE AUSWIRKUNGEN VON WEB 2.0: VON DER PERSONALISIERUNG BIS ZUR USER-GENERATED-CONTENT

Das Konzept von Web 2.0, das Ende der 1990er Jahre entstand, revolutionierte die Art und Weise, wie wir das Internet nutzen. Web 2.0 bezeichnete eine neue Generation von Webanwendungen und -diensten, die Benutzern die Möglichkeit gaben, Inhalte aktiv zu erstellen und zu teilen. Durch diese Technologien verlagerte sich das Internet immer mehr von einer statischen Informationsquelle hin zu einer sozialen Plattform, auf der Benutzer Inhalte erstellen und teilen konnten.

Eine der wichtigsten Entwicklungen von Web 2.0 waren Social-Media-Websites wie Facebook, Twitter oder Instagram. Diese Websites erlauben es Nutzern, ihre Gedanken, Ideen und Bilder über soziale Netzwerke zu teilen und mit anderen Benutzern zu interagieren. Durch die soziale Interaktion und die Personalisierung der Inhalte wurde das Internet noch stärker in den Alltag integriert und gewann für viele Menschen an Bedeutung.

Ein weiteres Kernelement von Web 2.0 ist die sogenannte User-Generated-Content (UGC), also von Nutzern erstellte Inhalte. Blogs, Wikis und Foren sind Beispiele für UGC. Benutzer haben nun ihre eigenen Stimmen, um ihre Meinungen und Ideen kostenlos und einfach online zu teilen. Durch UGC entstand für das Internet ein enormer Datensatz, der dazu beigetragen hat, dass sich das Internet zu einem der wichtigsten Informationsquellen entwickelte.

Web 2.0 Technologien haben auch die Personalisierung von internetspezifischen Diensten und Anwendungen ermöglicht. Beispiele für personalisierte Webanwendungen sind Google und YouTube, die Benutzern basierend auf ihren Interaktionen mit den Diensten persönliche Suchergebnisse und Videoempfehlungen bereitstellen.

Web 2.0 hat dazu beigetragen, das Internet sozialer und kollaborativer zu gestalten. Es hat den Benutzern mehr Kontrolle und Einfluss verschafft, indem es ein Ökosystem schuf, in dem sie ihre eigene Inhalte erstellen, teilen und verbreiten können. Das Ergebnis ist ein wachsendes Netzwerk von Menschen, die durch Social Media, UGC und Personalisierung verbunden sind und eine neue Ära der Internetnutzung eingeleitet haben.

DIE ENTSTEHUNG DES MOBILE INTERNET: SMARTPHONES, TABLETS UND WEARABLES

Die Möglichkeit, das Internet in der Hosentasche zu haben, hat die Art und Weise, wie wir das Internet nutzen, revolutioniert. Die Entstehung des mobilen Internets wurde durch die Verbreitung von Smartphones, Tablets und Wearables ermöglicht.

In den späten 90er Jahren waren mobile Telefone nur in der Lage, Anrufe zu tätigen, SMS zu senden und zu empfangen. Aber als die Technologie voranschritt, begannen die Hersteller, die Funktionalität ihrer Geräte zu erweitern. Handys wurden zu Multimedia-Geräten mit Kameras und Musik-Playern. Das war aber erst der Anfang.

Die Verbreitung des mobilen Internets begann mit WAP, dem Wireless Application Protocol, das es Benutzern ermöglichte, auf bestimmte Websites zuzugreifen. Obwohl dies anfänglich aufgrund der langsamen Verbindungsgeschwindigkeiten nicht sehr populär war, konnte es sich mit der verbreiteten Nutzung von Mobilfunknetzen und Smartphones durchsetzen.

Aber der Durchbruch kam, als Apple im Jahr 2007 das iPhone auf den Markt brachte. Das iPhone war das erste Smartphone, das eine voll funktionsfähige Webbrowser-Software bot. Die Einführung des iPhone löste eine Flut von Smartphones auf dem Markt aus, welche das mobile Internet noch populärer machten.

Die Übernahme von Android durch Google beschleunigte die Verbreitung von Smartphones noch weiter. Android ist das weltweit am häufigsten genutzte Betriebssystem für mobile Geräte und es läuft auf einer Vielzahl von Geräten. Später folgten iPad und andere Tablets.

Wearables, wie Smartwatches und Fitness-Tracker, wurden durch das mobile Internet und die Verbreitung von Smartphones und Tablets ebenfalls möglich. Wearables nutzen die Konnektivität des mobilen Internets, um Benutzern personalisierte Dienste und Daten zu liefern.

Die Einführung des mobilen Internets hat die Art und Weise, wie wir das Internet nutzen, verändert. Sie ermöglicht es uns, jederzeit und überall online zu sein, und hat zu neuen Arten von Apps und Diensten geführt. Das mobile Internet ist heute der bevorzugte Kanal für viele Benutzer, um auf Social-Media-Plattformen, Websites und Online-Shops zuzugreifen.

Die Bedeutung des mobilen Internets für Unternehmen und digitale Vermarkter ist auch enorm. Sie müssen sicherstellen, dass ihre Website für mobile Geräte optimiert ist, da mehr als die Hälfte des Webverkehrs heutzutage auf mobilen Geräten generiert wird. Die Mobile-First-Strategie ist in der heutigen digitalen Welt ein Muss.

In Zukunft wird das mobile Internet dank des Aufkommens von 5G-Netzwerken, die eine schnellere und zuverlässigere Verbindung ermöglichen, noch schneller und besser werden. Das mobile Internet hat das Leben von Menschen in vielerlei Hinsicht erleichtert und wird mit Sicherheit auch in Zukunft die Art und Weise, wie wir das Internet nutzen, weiter verändern.

DIE BEDEUTUNG VON CLOUD COMPUTING: WIE ES DAS INTERNET VERÄNDERT HAT

In der heutigen Zeit ist es fast unmöglich, sich eine Welt ohne das Internet vorzustellen. Dabei hat sich insbesondere in den letzten Jahren eine Technologie etabliert, die das Internet und die Art und Weise, wie wir Daten speichern und verarbeiten, revolutioniert hat: das Cloud Computing. Doch was genau ist Cloud Computing und welche Auswirkungen hat es auf das Internet?

Simplifiziert ausgedrückt meint Cloud Computing das Speichern und Verarbeiten von Daten auf externen Servern, die über das Internet erreichbar sind. Im Gegensatz zu herkömmlichen IT-Infrastrukturen, bei denen die Daten auf internen, firmeneigenen Servern gespeichert werden, bedeutet die Nutzung der Cloud, dass die Daten auf Servern eines externen Anbieters gespeichert werden. Die Vorteile liegen auf der Hand: Da viele Nutzer auf dieselben Server zugreifen, können die Betriebskosten auf mehrere Schultern verteilt werden, was insbesondere bei kleineren Unternehmen Geld spart. Darüber hinaus werden Wartungsarbeiten, Systemupdates und die Datensicherungen vom Anbieter des Cloud-Services übernommen, sodass die Nutzer sich auf ihr Kerngeschäft konzentrieren können.

Cloud Computing hat auch einen Einfluss darauf, wie wir Software nutzen. Statt Programme auf dem eigenen Rechner zu installieren, kann man mittlerweile viele Anwendungen in der Cloud nutzen. So sind beispielsweise Textverarbeitungsprogramme oder Tabellenkalkulationen über den Browser erreichbar, ohne dass man eine lokale Softwareinstallation benötigt.

Ein weiteres wichtiges Anwendungsgebiet von Cloud Computing sind mobile Endgeräte, wie Smartphones und Tablets. Hierbei ist die Cloud-Architektur besonders vorteilhaft, da sie eine gewisse Unabhängigkeit vom Gerät ermöglicht. Die Daten werden separat auf den Servern gespeichert, wodurch der Nutzer unabhängig vom verwendeten Endgerät jederzeit darauf zugreifen kann.

Allerdings gibt es auch Kritikpunkte am Cloud Computing. So wird oft die Abhängigkeit vom Anbieter als Problem genannt. Die Daten befinden sich auf den Servern des Anbieters und dieser ist dafür verantwortlich, dass sie verfügbar und sicher sind. Auch das Thema Datenschutz bleibt weiterhin ein kritischer Punkt. Denn wer garantiert, dass die Daten auch wirklich sicher und geschützt sind?

Zusammenfassend lässt sich sagen, dass Cloud Computing eine wichtige Rolle in der Entwicklung des Internets spielt. Es ermöglicht es Nutzern, Daten und Softwareanwendungen online zu speichern und zu nutzen, unabhängig vom Gerät und an jedem Ort der Welt. Sicherheits- und Datenschutzbedenken müssen jedoch bei der Nutzung von Cloud Computing stets beachtet werden.

DIE ENTSTEHUNG VON BIG DATA UND DAS INTERNET DER DINGE: WIE ES UNSER LEBEN BEEINFLUSST

Das Internet hat im Laufe der Jahre immer mehr an Bedeutung in unserem täglichen Leben gewonnen. Es hat viele Dinge revolutioniert und unser Leben grundlegend verändert. Eines der neuesten und wichtigsten Entwicklungen ist das Internet der Dinge (IoT) und die Entstehung von Big Data. Das IoT bezieht sich auf die Vernetzung von Gegenständen, Geräten und Maschinen, die miteinander kommunizieren und Daten austauschen können. Diese Datenmengen werden als Big Data bezeichnet.

Das IoT hat zahlreiche Anwendungen und bringt viele Vorteile für unser tägliches Leben. Durch die Vernetzung von Geräten können wir unseren Alltag komfortabler gestalten und uns immer besser auf unsere individuellen Bedürfnisse und Vorlieben einstellen. Zum Beispiel können wir über Smart-Home-Systeme unsere Heizung, Beleuchtung und Haushaltsgeräte steuern und automatisieren. Mit IoT-fähigen Wearables können wir unseren Gesundheitszustand überwachen, Fitnesspläne erstellen und Informationen über unsere Körperdaten sammeln.

Aber nicht nur unser Alltag wird von Big Data und IoT beeinflusst. Auch in der Wirtschaft und Industrie hat das IoT große Auswirkungen. Durch die Vernetzung von Maschinen und Anlagen können Betriebsabläufe optimiert und effizienter gestaltet werden. Die Analyse von Daten aus verschiedenen Quellen ermöglicht es, Prozesse zu überwachen, Fehler vorherzusagen und vorbeugende Maßnahmen zu ergreifen.

Das IoT und Big Data haben auch Auswirkungen auf die Art und Weise, wie wir Konsumgüter einkaufen. Im E-Commerce können Unternehmen Daten sammeln, um dem Kunden personalisierte Angebote zu machen und Kaufempfehlungen auszusprechen. Unternehmen können durch die Analyse von Nutzerverhalten und Vorlieben auch ihre Produkte und Dienstleistungen besser auf ihre Kunden zuschneiden.

Ein weiterer Vorteil von Big Data ist, dass es uns ermöglicht, komplexe Zusammenhänge und Muster aufzudecken, die uns sonst entgangen wären. Dies bedeutet, dass wir in der Lage sind, Entscheidungen auf der Grundlage von fundierten Daten zu treffen, was in vielen verschiedenen Bereichen von Vorteil ist. Durch die Analyse von Big Data können wir soziale Trends erkennen, medizinische Forschung voranbringen und Kriminalität bekämpfen.

Allerdings gibt es auch Herausforderungen bei der Nutzung von Big Data und IoT. Datenschutz und Sicherheit sind wichtige Themen, die beim Austausch von persönlichen Daten beachtet werden müssen. Es gibt auch Bedenken hinsichtlich der möglichen Auswirkungen von Automatisierung und der Auswirkungen auf Arbeitsplätze.

Insgesamt können wir sehen, dass Big Data und das IoT unser Leben grundlegend verändert haben und dass sie in Zukunft eine immer wichtigere Rolle spielen werden. Es liegt an uns, sicherzustellen, dass wir diese Technologien auf eine verantwortungsvolle und sinnvolle Weise nutzen, um unsere Gesellschaften und Wirtschaften zu verbessern.

DIE BEDEUTUNG VON CRYPTOCURRENCIES UND BLOCKCHAIN: WIE SIE DAS INTERNET VERÄNDERN

Die Entstehung von Bitcoin, der ersten Kryptowährung, und der Blockchain-Technologie hat das Internet revolutioniert und verändert. Hier werden wir auf die Bedeutung dieser neuen Technologien eingehen und diskutieren, wie sie das World Wide Web beeinflussen.

Bitcoin wurde im Jahr 2008 von einer anonymen Person oder Gruppe, die unter dem Pseudonym Satoshi Nakamoto bekannt ist, eingeführt. Es ist ein digitaler Vermögenswert, der auf einem dezentralen Ledger basiert, der als Blockchain bekannt ist. Dies bedeutet, dass es kein zentrales Register gibt, das die Transaktionen verarbeitet. Stattdessen wird jeder Block in der Kette durch einen Proof-of-Work-Algorithmus erstellt und der Block belohnt, der zuerst den Algorithmus löst.

Die Einführung von Bitcoin hat das Zahlungssystem im Internet revolutioniert. Es ist schneller, effizienter und kostengünstiger als herkömmliche Zahlungsmethoden. Darüber hinaus ist es völlig dezentralisiert, was bedeutet, dass es keiner zentralen Kontrolle bedarf. Dadurch kann es weltweit genutzt werden, ohne dass Banken oder Regierungen Zahlungen verarbeiten oder genehmigen müssen.

Neben Bitcoin gibt es mittlerweile tausende von anderen Kryptowährungen, darunter Ether, Ripple, Litecoin und Bitcoin Cash. Jede von ihnen hat ihre eigenen Eigenschaften und Vorteile, von denen einige Bitcoin überlegen sein können. Dennoch bleibt

Bitcoin die am weitesten verbreitete Kryptowährung.

Die Bedeutung von Bitcoin und der Blockchain-Technologie geht jedoch über die Nutzung als Zahlungsmittel hinaus. Die Blockchain-Technologie wurde als eine der wichtigsten Innovationen des 21. Jahrhunderts bezeichnet und hat das Potenzial, nahezu alle Bereiche des Lebens zu verändern.

Die Blockchain-Technologie ist ein dezentrales, transparentes und unveränderliches Buchhaltungssystem, das sicherstellt, dass Transaktionen nicht manipuliert werden können. Es ist eine enorme Verbesserung gegenüber herkömmlichen Registerbüchern, da es Transparenz, Sicherheit und eine bessere Möglichkeit zur Nachverfolgung von Transaktionen bietet. Die Blockchain-Technologie könnte zum Einsatz kommen in Bereichen wie Gesundheitswesen, Immobilien, Wahlprozessen und so weiter.

Ein weiteres wichtiges Merkmal von Blockchain-Technologie ist, dass es die Notwendigkeit von Vermittlern in vielen verschiedenen Branchen beseitigen kann. Smart Contracts, die auf der Blockchain-Technologie basieren, können ohne äußere Einmischung direkt und automatisch ausgeführt werden. Das spart Kosten und fördert die Effizienz. Einem Hauskäufer beispielsweise kann ein Smart Contract helfen, direkt mit dem Immobilienbesitzer zu verhandeln und die Transaktionen ohne die Beteiligung von Maklern zu erledigen.

Zusammenfassend hat die Einführung von Bitcoin und der Blockchain-Technologie das Potenzial, die Weltwirtschaft und die Gesellschaft nachhaltig zu verändern. Es gibt jedoch auch Herausforderungen, beispielsweise um die Bedrohungen durch Cyber-Angriffe und Betrug zu unterbinden. Es bleibt spannend zu sehen, wie diese Technologien in Zukunft genutzt werden und wie sie das Internet weiterhin verändern werden.

DIE ZUKUNFT DES INTERNETS: WIE SIEHT ES IN 10, 20 ODER 50 JAHREN AUS?

Das Internet hat in den letzten Jahrzehnten unglaubliche Veränderungen erfahren. Es hat die Art und Weise, wie wir kommunizieren, uns informieren, einkaufen und sogar arbeiten, komplett revolutioniert. Aber was kommt als nächstes?

Die Zukunft des Internets ist sicherlich spannend, aber es ist auch schwer vorherzusagen. Einige Möglichkeiten, wie sich das Internet in den nächsten 10, 20 oder 50 Jahren entwickeln könnte, werden jedoch diskutiert und untersucht.

Eine Möglichkeit ist, dass das Internet weiter wächst und sich weiterentwickelt. Die Anzahl der Nutzer, Geräte und Daten wird immer weiter zunehmen, und Cloud Computing wird noch wichtiger werden, um diese Daten zu verarbeiten und zu speichern. Die Geschwindigkeit und Qualität der Verbindungen wird weiter verbessert werden, und höhere Bandbreiten ermöglichen schnellere Downloads, Streaming und neue Anwendungsbereiche wie AR/VR.

Eine weitere Möglichkeit ist eine stärkere Regulierung des Internets, um den Datenschutz zu verbessern und den Missbrauch von Daten zu verhindern. Die heutigen großen Tech-Unternehmen bekommen bereits Druck, ihre Geschäftsmodelle zu ändern und nutzen zunehmend künstliche Intelligenz für das Datenmanagement. In der Zukunft könnte es auch mehr offene Standards für die Interoperabilität von Geräten und Plattformen geben.

Im Hinblick auf die Anwendungen könnte es sein, dass

soziale Netzwerke eine neue Ära der Dezentralisierung und datenschutzorientierten Anwendungen einläuten. Allen voran die Blockchain-Technologie und Kryptowährungen haben das Potenzial, das Internet zu demokratisieren und mehr Kontrolle über Daten und Transaktionen den Nutzern zu geben.

Auch das Internet des Dinge wird in den nächsten Jahrzehnten eine enorme Entwicklung erfahren. Smart-Home-Systeme werden in immer mehr Haushalten Einzug halten, und intelligente Geräte werden immer häufiger eingesetzt werden. Dabei wird die Sicherheit und Datenschutzfrage allerdings auch höchste Priorität haben.

Letztendlich bleibt abzuwarten, wie sich das Internet entwickeln wird - in einem Jahr oder in mehreren Jahrzehnten. Jedoch werden bestimmte Trends im Laufe der Zeit sicherlich weiter voranschreiten. Es steht außer Frage, dass das Internet auch in Zukunft eine entscheidende Rolle spielen wird und unzählige innovative Anwendungen hervorbringen wird.

CHANCEN UND HERAUSFORDERUNGEN DES INTERNETS: VON CYBERKRIMINALITÄT BIS ZU DATENSCHUTZ

Das Internet bietet uns viele unglaubliche Möglichkeiten. Wir nutzen es jeden Tag, um uns zu informieren, zu kommunizieren, zu arbeiten und einzukaufen. Doch mit diesen Möglichkeiten kommen auch Risiken und Herausforderungen. In diesem Kapitel werden wir uns mit einigen der Chancen und Herausforderungen des Internets auseinandersetzen.

Eine der größten Herausforderungen im Zusammenhang mit dem Internet ist die Cyberkriminalität. Das Internet hat eine neue Dimension der Kriminalität geschaffen, von der wir vorher nur träumen konnten. Hacker können heimlich in digitale Systeme eindringen, Daten stehlen oder löschen und Schaden verursachen. Phishing-Attacken, Ransomware und Identitätsdiebstahl sind nur einige Beispiele für Cyberkriminalität.

Ein weiteres Problem ist der Datenschutz. Das Internet hat es einfach gemacht, Daten zu sammeln und zu teilen. Unternehmen sammeln Daten über uns, um personalisierte Anzeigen zu schalten oder um ihre Produkte zu verbessern. Doch wenn diese Daten in die falschen Hände geraten, können sie missbraucht werden. Datenschutzverletzungen sind bereits zu einem wichtigen Thema geworden. Immer mehr Menschen machen sich Sorgen darüber, wie ihre Daten verwendet werden.

Eine weitere Herausforderung im Zusammenhang mit dem

Internet ist der Online-Missbrauch. Das Internet hat es einfach gemacht, Menschen zu belästigen, zu bedrohen oder zu verletzen. Zum Beispiel nutzen viele Trolle das Internet, um andere zu mobben. Es gibt auch viele Fälle von Online-Stalking und -Belästigung. Die sozialen Netzwerke und Instant Messaging-Dienste haben es einfacher denn je gemacht, Menschen anzugreifen oder zu verletzen.

Trotz dieser Herausforderungen bietet das Internet auch viele Chancen. Zum Beispiel können wir in Echtzeit rund um die Welt kommunizieren und Nachrichten austauschen. Wir können Informationen und Wissen teilen und von anderen lernen. Wir können online kaufen, verkaufen und arbeiten, ohne einen physischen Standort zu haben.

Als Gesellschaft müssen wir uns der Herausforderungen des Internets bewusst sein und uns bemühen, sie zu bewältigen. Wir müssen auch sicherstellen, dass wir den Nutzen des Internets nicht vernachlässigen. Wir müssen weiterhin daran arbeiten, Vertrauen und Sicherheit im Internet zu schaffen und sicherzustellen, dass jeder die Vorteile nutzen kann, die das Internet bietet. Angesichts der enormen Bedeutung des Internets für unsere täglichen Leben muss dies eine gemeinsame Anstrengung sein, die von allen getragen wird.

DIE BEDEUTUNG DES INTERNETS FÜR WIRTSCHAFT, POLITIK UND GESELLSCHAFT

Das Internet hat in den vergangenen Jahren unser Leben grundlegend verändert. Es hat nicht nur die Art und Weise, wie wir kommunizieren, Informationen suchen und konsumieren, sondern auch unsere Geschäftswelt und politische Landschaft verändert. Das Internet hat sich zu einem unverzichtbaren Instrument für Unternehmen und Einzelpersonen entwickelt und ist zu einer wichtigen Ressource für politische und soziale Aktivitäten geworden.

In der Wirtschaft hat das Internet neue Möglichkeiten für Unternehmen geschaffen, Produkte und Dienstleistungen an ein globales Publikum zu vermarkten. E-Commerce hat die Art und Weise, wie wir einkaufen, revolutioniert und ermöglicht es Kunden weltweit, fast jedes Produkt online zu kaufen. Das Internet bietet auch eine Plattform für das Marketing von Produkten und Dienstleistungen sowie die Möglichkeit, mit Kunden zu interagieren und Feedback zu sammeln. Die Digitalisierung der Wirtschaft hat auch zu einem erhöhten Wettbewerb geführt, da kleine Unternehmen nun auch mit großen multinationalen Unternehmen konkurrieren können.

Das Internet hat auch in der Politik eine wichtige Rolle gespielt. Das Internet bietet eine breitere Plattform für politische Debatten und Meinungsaustausch. Es hat auch die Art und Weise verändert, wie politische Kampagnen und Wahlen durchgeführt werden. Kandidaten nutzen das Internet, um ihr Profil und ihre Positionen zu promoten und mehr Menschen zu erreichen als je zuvor. Das Internet bietet eine Möglichkeit zur politischen Teilhabe und fördert die Demokratie. Allerdings gibt es auch Risiken, wie zum Beispiel die Verbreitung von Fehlinformationen und Desinformationen, die die politische Stabilität und die Offenheit der Gesellschaft gefährden können.

In der Gesellschaft hat das Internet das Leben von Menschen rund um den Globus verändert. Die sozialen Medien haben die Art und Weise, wie wir Freunde finden und kommunizieren, verändert. Wir können uns problemlos mit Freunden und Familienmitgliedern in Kontakt halten, obwohl wir Tausende von Kilometern voneinander entfernt sind. Das Internet bietet uns auch die Möglichkeit, an globalen Diskussionen teilzunehmen und unseren Horizont zu erweitern, um eine breitere Sicht auf die Welt zu gewinnen.

Das Internet bringt jedoch auch Herausforderungen mit sich. Der Schutz der Privatsphäre und persönlicher Daten ist ein Thema, das in den letzten Jahren in der Öffentlichkeit viel Aufmerksamkeit erhalten hat. Die Zunahme von Cyberkriminalität und Online-Betrug sind ebenfalls ein wachsendes Problem. Die Regulierung des Internets ist ein komplexes Thema, und es besteht die Notwendigkeit, einen Ausgleich zwischen der Freiheit des Internets und seiner Kontrolle zu schaffen.

Zusammenfassend lässt sich sagen, dass das Internet heute eine Schlüsselrolle in der Gesellschaft spielt und seine Bedeutung weiter wachsen wird. Wirtschaft, Politik und Gesellschaft werden durch das Internet in Zukunft enger miteinander verbunden sein. Es ist wichtig, dass wir uns dieser Verbindung bewusst sind und uns mit den Chancen und Herausforderungen des Internets auseinandersetzen.

FAZIT: WIE DAS INTERNET UNS VERÄNDERT HAT UND WIE WIR ES IN ZUKUNFT NUTZEN KÖNNEN

Das Internet ist zweifellos eine der bedeutendsten Erfindungen der Menschheit. Obwohl es erst in den letzten 50 Jahren entstanden ist, hat es unser Leben in vielerlei Hinsicht radikal verändert. Wir können heute Informationen in Echtzeit abrufen, mit Menschen auf der ganzen Welt kommunizieren, online einkaufen und vieles mehr. Doch wie hat das Internet unser Leben verändert, und wie können wir es in Zukunft nutzen?

Eine der größten Veränderungen des Internets besteht darin, dass es den Zugang zu Informationen und Wissen demokratisiert hat. Früher war der Zugang zu Wissen und Bildung oft beschränkt, aber heute können wir eine breite Palette von Informationen und Ressourcen online finden. Das hat Auswirkungen auf alle Bereiche unseres Lebens, vom Bildungswesen bis zur politischen Partizipation. Durch die Erweiterung des Zugangs zu Informationen können Menschen aus verschiedenen Teilen der Welt miteinander kommunizieren und voneinander lernen.

Ein weiterer wichtiger Aspekt des Internets ist seine Rolle bei der Förderung der Innovation. Das Internet hat einen schnellen Austausch von Ideen und Technologien ermöglicht, was zu vielen Innovationen in Bereichen wie E-Commerce, der Medizin oder der Energiewirtschaft geführt hat. Neue Technologien und Fortschritte im Bereich der künstlichen Intelligenz, Blockchain und Big Data haben das Potenzial, unsere Welt in den kommenden Jahren weiter zu verändern.

Das Internet hat auch eine große soziale Bedeutung. Es hat Möglichkeiten zur Vernetzung und Zusammenarbeit geschaffen, die zuvor nicht existierten. Online-Communities können sich auf der Grundlage von gemeinsamen Interessen und Werten bilden, was bedeutet, dass Menschen aus aller Welt sich miteinander verbinden und sich organisieren können, um gemeinsame Ziele zu erreichen. Die Verbreitung von sozialen Netzwerken hat auch neue Formen der sozialen Interaktion hervorgebracht, bei denen Menschen ihre Gedanken und Ideen miteinander teilen können.

Natürlich gibt es auch Herausforderungen und Risiken, die mit der Nutzung des Internets verbunden sind. Cyberkriminalität, Datenverstöße und Hassrede sind nur einige der Probleme, die das Internet begleiten. Es ist wichtig, dass wir diese Bedenken ernst nehmen und effektive Maßnahmen ergreifen, um uns vor diesen Bedrohungen zu schützen.

Insgesamt hat das Internet das Potenzial, unser Leben weiterhin in vielerlei Hinsicht zu verändern. Wir müssen jedoch sicherstellen, dass wir die Möglichkeiten des Internets nutzen, ohne uns und unsere Daten zu gefährden. Wir müssen uns auch darüber im Klaren sein, dass das Internet nur ein Werkzeug ist und dass es von den Individuen und Organisationen, die es nutzen, abhängt, wie es sich in der Zukunft entwickeln wird. Es liegt an uns, das Internet zu gestalten, damit es eine positive Kraft für die Gesellschaft bleibt.

www.ingramcontent.com/pod-product-compliance
Lightning Source LLC
LaVergne TN
LVHW051626050326
832903LV00033B/4674